AF222684

Angst und die damit verbundenen Leiden sowie Einschränkungen, sind immer wieder Thema im Coaching. Diese jahrelange Erfahrung drängte mich geradezu, einen Mutmacher zu schreiben.

In diesem Buch möchte ich wichtige Inhalte möglichst sympathisch, kurz und knapp präsentieren. Außerdem begleiten fröhliche Zeichnungen die Aussagen.

First published 2011

Copyright © Karola Bessel-Goetze 2011

All rights reserved.

Without limiting the rights under copyrights reserved above, no part of this publication may be reproduced, stored in or introduced into a retrieval system, or transmitted, in any form or by any means (electronic, mechanical, photocopying, recording or otherwise), without the prior written permission of the copyright owner.

Formatted using OpenOffice

Printed and bound in Germany

Inhaltsverzeichnis

Vielen Dank mein lieber Dwayne,
ohne Dich wäre der Angsthase nicht so hübsch.

Zeichnungen von meinem 15-jährigen Sohn
Dwayne Goetze

Herstellung und Verlag:
Books on Demand GmbH, Norderstedt
ISBN 978-3-8423-5048-9

1. Was ist Angst?

Angst ist ein normales und nützliches Gefühl. Es ist sogar lebenswichtig. Angst kann man mit dem gelben Licht einer Verkehrsampel vergleichen. Das gelbe Signal steht für „Vorsicht", „Aufmerksamkeit schärfen", „bitte konzentrieren".

Hier ein Beispiel: Viele Menschen haben Angst vor einem großen Hund. Aus Angst streicheln sie den Hund nicht oder bewegen sich in der Gegenwart dieses Tieres kaum bis gar nicht. Diese Reaktion ist gut, denn falsche oder hastige Bewegungen könnten den Hund aggressiv machen. Womöglich schnappt er nach uns.
Unser „gelbes Licht" leuchtet. Vorsicht!

Kann man diese Angst verringern?

Ja, indem wir die Signale und die Körpersprache eines Hundes verstehen lernen und uns an bestimmte Regeln halten.

Es gibt viele Bücher über Hundetraining, Hunde verstehen lernen usw. Die Tipps in diesen Büchern kann man dann sehr gut an kleinen Hunden im Freundes- oder Familienkreis ausprobieren. Wir stellen fest: Verhaltensregeln funktionieren, der Hund reagiert darauf.

Wenn wir das spüren und erfahren, verwandelt sich Angst in Sicherheit. Das ist ein gutes Gefühl und macht stark. Angst vor Hunden, entstanden aus negativen Erfahrungen oder fehlendem

Wissen, kann durch Sachkenntnis und positive Erfahrungen zurückgehen.

Angst ist also auch nützlich. Sie bremst uns vor Übermut und unvernünftigem Handeln, schützt damit unser Leben und eventuell das Leben anderer.

2. Welche Ängste gibt es?

Angst wird jedoch meistens als unangenehm empfunden. Sie kann enorm stark sein, sogar in Panik übergehen. Panik und die damit verbundenen Stresssymptome sind äußerst belastend für den Betreffenden. Sehr oft kommt Schwindel vor, unser Herz kann rasen, es gibt Druck auf der Brust, man hat das Gefühl keine Luft zu bekommen, der Magen und auch der Darm rebellieren. Manche bekommen weiche Knie und glauben, dass sie ohnmächtig werden. Dies sind nur einige der Begleiterscheinungen.

Angst kann versuchen uns vor bestimmten Situationen „zu warnen", es kann aber auch zu

einer Überreaktion des Warnsystems kommen, die uns vor allem und jedem dauernd „warnt".
Es gibt circa 650 bekannte Phobien.

5 Arten der Angst:

a) Spezifische Phobien:

Das Gefühl starker Angst oder Panik wird ausgelöst durch eine bestimmte Situation oder ein bestimmtes Objekt. Häufige Auslöser sind Tiere wie Spinnen oder Mäuse. Vor Mitschülern oder Arbeitskollegen sprechen zu müssen, Flugreisen und Zahnarztbesuche, Dunkelheit oder der Verzehr bestimmter Speisen lösen bei Betroffenen enorme Ängste aus.

b) Agoraphobie:

Dahinter verbirgt sich die Angst, sich auf großen, freien Plätzen aufzuhalten. Sie ist verwandt mit der *Klaustrophobie*, der Angst vor geschlossenen Räumen.

c) Soziale Phobie:

Die Furcht vor dem Kontakt mit fremden Menschen, den „prüfenden Blicken" anderer. Furcht möglicherweise Ablehnung und Kritik zu erleben. Sie bezieht sich vorwiegend auf kleinere Gruppen und ist fast immer mit einem niedrigen Selbstwertgefühl verbunden.

d) Generalisierte Angststörung:

Diese Angsterkrankung bezieht sich nicht auf bestimmte Situationen, sondern bezeichnet einen anhaltenden Zustand des ständigen „Sich-Sorgens".

e) Panikstörung:

Sie zeichnet sich durch Angstattacken aus, die nicht durch eine bestimmte Situation ausgelöst werden. Eine Attacke kann die Patienten überall und jederzeit treffen.

Wer möchte, kann seine Angst auch „messen".

Hier kann direkt ein Kreuzchen gemacht werden: 1 steht für geringe Angst, 10 für große Angst bis Panik.

1	2	3	4	5	6	7	8	9	10

„Es kommt selten so gut wie erhofft, aber auch selten so schlimm wie befürchtet."

Welche Ängste gibt es? 9

3. Angst und ihre Auswirkungen

Oft wird eine *soziale Phobie* als Schüchternheit verkannt. Sie führt bei den Betroffenen unter anderem zum Erröten oder zu Schweißausbrüchen. Männer und Frauen sind gleich häufig betroffen. Die *soziale Phobie* beginnt oft in der Jugend.

Bei der *generalisierten Phobie* gibt es einen anhaltenden Zustand des ständigen Sich-Sorgens. Körperliche Reaktionen dazu sind häufig: starkes Herzklopfen, Schwindelgefühle, Schwitzen, Muskelverspannung u.a.

Panik zeichnet sich durch Angstattacken aus, die Menschen überall treffen kann. Die einzelnen Attacken dauern meist nur wenige Minuten und lösen körperliche Reaktionen wie bei der *generalisierten Phobie* aus. Fluchtartig wird der Ort des Geschehens verlassen und daraus ergibt sich die "Angst vor der Angst", also davor, eine weitere Panikattacke in einer ähnlichen Situation zu erleben. Man fängt an bestimmte Orte oder Situationen zu vermeiden, und baut sich Stück um Stück ein „geistiges Gefängnis" auf, aus dem es immer schwerer fällt sich zu befreien.

Wir müssen auch klar sagen, dass nicht jeder die gleichen körperlichen Symptome aufweist. Es kann hilfreich sein, die Ängste und die damit verbundenen Körpersignale aufzuschreiben.

Beispiele:

- Immer wenn ich unter Menschen bin wird mir schwindelig. Zuhause geht's mir wieder besser.

- Ständig denke ich, andere können mich nicht gut leiden. Ich bekomme feuchte Hände, bin nervös und kann mich nicht gut konzentrieren.

Kapitel 3

Aufschreiben hilft Gedanken ordnen.

Hier kannst Du die jeweilige Situation und die entstandenen körperlichen Symptome aufschreiben:

1.
2.
3.
4.
5.
6.
7.
8.
9.
10.

4. Was kann man tun?

Angst erlebt man, wenn man mit einer Situation konfrontiert wird, die man in irgendeiner Hinsicht als bedrohlich oder gar gefährlich einschätzt. Weglaufen macht die Sache schlimmer. Gar nichts tun wird nichts bewirken! Jeder aber, der aktiv wird und gegen seine Angst kämpft, ist sehr zu loben, denn der Erfolg wird kommen. Also packen wir's an!

Angst beginnt im Kopf, im Denken. Wir verhalten uns unsicher. Dann fühlen wir die Angst, wir haben körperliche Symptome. Einige häufig anzutreffende Symptome haben wir bereits im letzten Kapitel angeführt, aber es gibt auch sehr individuelles Erleben der Angst.

Geteiltes Leid ist halbes Leid.

Wenn es gar nicht mehr auszuhalten ist, gibt es zum Glück auch Therapeuten und Ärzte, die mit einem verschiedene Methoden der Angstüberwindung durchgehen können. Allein schon jemandem die Angst und die damit verbundenen quälenden Gedanken und körperlichen Symptome mitteilen zu können hilft. Gute Freunde mit einem mitfühlenden Ohr können da wertvolle „Ersthilfe" leisten.

Was kann man tun?

Ursachen für Ängste gibt es viele. Es kann eine genetische Belastung vorliegen, Kindheitserlebnisse können zu übertriebenen Ängsten führen. Erziehung prägt auch: wir wurden zu sehr behütet oder zu oft kontrolliert oder die Eltern waren inkonsequent, heute so, morgen anders. Auch Schul- oder Arbeitsdruck kann uns sehr zusetzen. Wir werden kraftlos, unsicher, verlieren Selbstvertrauen. Wie ein Hamster im Laufrad kommt man nicht wirklich voran. Automatismen machen eine bewusste Lebensführung schwer. Wir leben ziellos, lassen uns von unserer Umgebung und unseren Ängsten treiben.

Hier gibt es Platz um persönliche Gründe zu notieren, warum es nicht vorwärts geht:

Wer ein bisschen Ursachenforschung betrieben hat, der ist gut dran. Denn zu wissen, warum eine Sache so und nicht anders ist, hilft.

Aber eine Erklärung ist keine Entschuldigung für Nichtstun! Wir sollten nicht „Schuldige" suchen, sondern Möglichkeiten zur Veränderung.

Verschiedene Ängste brauchen verschiedene Wege.

Wenn wir uns entschieden haben, gegen unsere Angst vorzugehen, sollten wir uns der kleinen Schritte bewusst werden. Wir können schon mal lächeln, denn es geht vorwärts.

Alles was gut und positiv ist, sollte man notieren. Wer Angst vor Spinnen hat, muss nicht unbedingt Angst vor großen Tieren haben. Wer ängstlich im Dunkeln ist, kann vielleicht ohne weiteres vor einer Menschenmenge ein Gedicht aufsagen. Wer Angst im Fahrstuhl hat, kann ein begnadeter Koch sein. Die Konzentration auf die Angst schüttet häufig auch die vielen guten

Fähigkeiten und Gefühle zu. Das geht gar nicht.

Auch hier ist Schreiben eine wunderbare

Möglichkeit, Druck abzubauen und all das Gute

zu sehen, was es gibt. Liebe Menschen,

Fähigkeiten, Umstände, Gesundheit, finanzielle

Möglichkeiten, ein Hobby, eine schöne

Umgebung. Es kostet ein bisschen Zeit über sein

Leben und die Möglichkeiten nachzudenken, aber

auch das ist ein Schritt in die richtige Richtung.

Warum? Das Selbstvertrauen und das

Selbstwertgefühl werden gestärkt. Man wird sich

seiner Möglichkeiten bewusst. Der Blick wird

geschärft für die guten Dinge im eigenen Leben,

die Welt wird Stück um Stück heller, bunter,

fröhlicher.

Was gibt es Gutes zu berichten:

Was kann man tun?

Schreiben ist eine Therapie zum Guten! Kostet kein Geld, kann überall gemacht werden, keine Anfahrts- oder Abfahrtszeiten nötig. Kein Warten, keine Fragen. Direkt aus dem Kopf auf das Blatt Papier.

Warum sollte man überhaupt etwas gegen seine Angst und für seinen Mut unternehmen?

Anstrengend, kraftraubend, viel zu emotional ist der Kampf gegen die Angst. Schließlich ist man bis jetzt auch irgendwie klar gekommen und das kann ja dann so weiter gehen. Warum also soviel Aufwand?

Weil krankhafte Angst unglücklich macht und verhindert, dass du tun kannst, was du tun willst.

Man lebt wie in einem Gefängnis. Die Konzentration geht in die falsche Richtung. Unsere Gedanken spielen verrückt obwohl noch

Was kann man tun?   27

nichts passiert ist und oft passiert gar nichts. Da muss ein kräftiges „STOPP" her. Denke an ein Stoppschild und sage entweder in Gedanken oder auch einfach laut: "Stopp", besonders wenn sich beängstigende Gedanken ausbreiten.

Denke immer daran: Wer seine Gedanken unter Kontrolle bekommt, schafft das auch mit seinen Ängsten. Katastrophengedanken und eine blühende Fantasie lassen Ängste explodieren. Negative Gedanken begleiten dich sicherlich schon lange. Deshalb ist die Stopp-Technik ein gutes Mittel die ängstlichen Gedanken zu unterbrechen. Wiederhole schnell, leise oder laut, „Stopp, Stopp, Stopp..."

Was jetzt? Zwinge deine Gedanken etwas Schönes, Beruhigendes oder Nettes zu denken. Streng dich an, denn der Widerstand ist sehr groß. Mache eine Fantasiereise in ein wunderschönes Land, an einen Südseestrand mit türkisblauem Meer, höre die Wellen rauschen und

Was kann man tun?   29

schlürfe genüsslich an einem kühlen Drink.
Lächle in deinen Gedanken, freue dich an so viel
Schönheit der Natur. Streng dich an, du musst
den Widerstand brechen.

Erfolg kommt nach einiger Zeit, denn die alten
Gehirnpfade müssen ersetzt werden. Es wird
leichter die Stopp-Technik einzusetzen und mit
beruhigenden Gedanken die ängstlichen zu
verjagen. Viele meiner Klienten haben mit dieser
Technik an Lebensfreude zugenommen und ihre
Ängste kontrollieren können.

Auch Entspannungsmethoden können hilfreich
sein, z.B. die progressive Muskelentspannung von

Jacobson. Auf diese gehe ich in diesem Buch allerdings nicht näher ein.

Eine neue Fähigkeit muss erst erlernt werden und dazu ist Zeit und Geduld nötig. Aber Lebensfreude und Gelassenheit sind die Ergebnisse.

Frage dich bitte mal:

Wie viel Lebenszeit ist schon mit Verzichten, Wegbleiben, Vermeiden draufgegangen? Auf was hast du schon alles verzichtet, nur weil die Angst dazwischen kam? Welche Party konntest du nicht besuchen, weil du Angst vor Gesprächen hattest? Vor wie vielen Spinnen bist du schon weggelaufen? Wie viele Fahrstühle wurden von dir

Was kann man tun? 31

nicht benutzt? Auf welche Kleidung verzichtest du, nur weil andere meinen könnten, es sei nicht „cool"? Hast du bei einem Meeting schon mal etwas gesagt? Denkst du oft, andere lachen über dich? Hast du Angst zu versagen? Hast du Angst vorm Zahnarzt und nimmst deshalb Zahnschmerzen in Kauf? Meidest du große Menschenmengen?

Schreibe bitte all die Plätze, Situationen und auch schönen Dinge auf, die du schon verpasst oder bewusst gemieden hast.

Hier hast du eine Seite frei:

Ich denke, die Auflistung zeigt klar, dass andere Zeiten anbrechen müssen. Besser gesagt, du solltest etwas ändern **wollen**. Mache dein Leben bunter, interessanter und humorvoller. Es lohnt sich sehr!

Belohne Dich für jeden noch so kleinen Erfolg. Man kann sich auch einen Belohnungsplan für bestimmte „Mutproben" ausdenken. Denn je gezielter man vorgeht, desto eher stellt sich Erfolg ein und der führt wiederum zur Freude.

„Sobald wir lernen, uns selbst zu vertrauen, fangen wir an zu leben."

Johann Wolfgang von Goethe

Dein Selbstvertrauen sollte ebenfalls gestärkt werden. Machst du dich selbst durch vernichtende Worte klein? Traust du dir wenig zu? Bewunderst du andere wegen ihrer Klugheit oder Schönheit?

Wenn das so ist, dann fange bitte an, dich selbst zu stärken, baue dich auf. Rede gut über dich und konzentriere dich auf das, was du kannst. Versuche permanent Gutes an dir zu

Was kann man tun?

finden. Denke jeden Tag positiv über dich und deine Eigenschaften. Mache dir die Mühe und schreibe alles Gute auf. Es lohnt sich. Unsere Gedanken lösen Gefühle aus. Je öfter und je positiver du gut über dich denkst oder schreibst, desto besser wirst du dich fühlen. Wenn's andere nicht tun, dann stärke dich selbst und baue dich auf. Denke jeden Tag Wertvolles über dich. Liebe dich selbst (aber werde nicht gleich zum Narzisst).

„Das Leben ist bunt, wir bestimmen wie bunt es wird."

Was in der Vergangenheit bewusst gemieden wurde, sollte in Zukunft bewusst angegangen werden. Rückschläge sollten einkalkuliert werden, aber nicht gleich Stillstand bedeuten. Es ist keine Schande Fehler zu machen, man sollte sich aber bemühen, keine Fehler zweimal zu machen. Aus Fehlern zu lernen ist die Kunst. Aufzustehen, wenn man hingefallen ist. Immer und immer wieder. Nicht zurücksehnen und verpassten Gelegenheiten hinterherjammern, sondern nach vorne schauen und den eigenen Fortschritt, auch wenn's langsam geht, bemerken und wertschätzen.

Was kann man tun?

In diesem Zusammenhang muss gesagt werden, nicht nur positive Gedanken allein, sondern insbesondere freudige Taten lassen besonders gute Gefühle aufkommen. Fröhliche Erlebnisse führen automatisch zu fröhlichen Gefühlen. Wenn du nicht weißt, wie du **dir** eine Freude bereiten sollst, tue **anderen** Gutes. Wissenschaftliche Untersuchungen zeigen wieder und wieder, dass Anderen Gutes zu tun, glücklich macht. Viele positive Erfahrungen (die eigenen, oder die anderer Menschen) bringen viele positive Gefühle. Verdränge Angstgefühle durch Freudegefühle. Zerschlage den Kreislauf der Angstgefühle und ersetze sie mit wohltuenden Gedanken. Zwinge dich dazu. Gib hässlichen Gedanken keinen Nährboden mehr.

5. Mut tut gut

Wie würdest du dein Leben gestalten, wenn du keine Angst hättest?

Auf der nächsten Seite hast du Gelegenheit den Gedanken freien Lauf zu lassen. Du kannst dabei ruhig übertreiben, denn große Angst braucht große, wertvolle Ziele um die Kraft für die Überwindung der Angst zu finden.

Mein Wunschleben:

Betrachte deinen Mut als Muskel, der trainiert werden will. Wer mit Jogging beginnt, kann nicht sofort einen Marathon laufen. Step-by-step kommt man dem Ziel langsam aber sicher näher. Angst lässt sich ebenso nur schrittweise besiegen.

Ein Trainings-Tagebuch ist dazu nützlich. Mehrere Trainingseinheiten (deine Schritte zum Ziel), die aufeinander aufbauende Schwierigkeitsgrade haben, sollten formuliert bzw. niedergeschrieben werden und dann geht's los.

Jeder kleinste Erfolg erhält auch eine kleine Belohnung.

Was für Gefühle hast du nach Erreichen deiner Teilziele? Notiere auch diese. Angst hat viel mit Emotionen zu tun, Mut eher mit viel Kopfarbeit. Deshalb ist es wichtig, positive Erfolgsgefühle gleich mit zu notieren, das gibt Kraft für die nächste Runde. Da Fehler und Rückschläge zur Entwicklung dazu gehören, notiere sie, lerne daraus, aber lass Dich bitte nicht von ihnen stoppen.

Power statt Panik

Hier ein Trainings-Tagebuch-Beispiel:

Angenommen, du leidest unter der sogenannten Agoraphobie (Angst das Haus zu verlassen). Wie könnte man vorgehen?

1. Etappenziel: Anziehen zum Rausgehen. Dann kurz vor die Haustür gehen. Langsam Luft schnappen und tief einatmen. Zurück in die Wohnung gehen.

Gefühl: Mir wurde schlecht und schwindelig.

Zeit: ca. 2 min.

Erfolg: Ja, du warst mutig draußen vor der Tür.

Belohnung: *Hier darfst du kreativ werden.*

2. Etappenziel: Anziehen zum Rausgehen. Dann kurz vor die Haustür gehen, langsam tief einatmen und ein paar Meter bis zur Straße gehen. Erneut tief einatmen, dann wieder langsam zurückgehen.

Zeit: ca. 3-4 min.

Gefühl: Mir wurde schlecht, ich schwitze, mein Herz rast, aber sonst ist nichts passiert.

Erfolg: Du hast es bis zur Strasse geschafft und es ist nichts passiert!!!

Belohnung: *Hier kannst du wieder kreativ werden.*

Mut tut gut

3. Etappenziel: Fertigmachen zum Raus-gehen. Langsam und bewusst den Mantel/ Jacke anziehen. Denke bewusst an den Erfolg der anderen Male und verlasse das Haus. Gehe bis zur nächsten Straßenecke und schaue die Bäume an oder die schönen Häuser. Atme tief durch und langsam wieder aus.

Zeit: 5 min.

Gefühl: Ich sterbe gleich.

Erfolg: Ja, das hat geklappt, großartig du lebst noch!!!

Belohnung: *Nach deinem Geschmack.*

Denke dir ein eigenes Belohnungssystem aus. Für den einen ist Schokolade genau das Richtige, der andere würde sich lieber eine Curry-Wurst gönnen. Der nächste steckt 3 Euro ins Sparschwein, denn man will ja noch etwas Erleben. Man könnte sich auch einen Roman online bestellen, o.ä.

Wichtig:

Mache dir bitte einen **realistischen** Plan!

Gehe sehr bewusst an die Teilziele heran. Wenn nötig wiederhole so oft, bist du eine Belohnung verdient hast. Achte bitte auf tiefes Einatmen und langsames Ausatmen. Bei jeder Kampfkunst ist

Mut tut gut   49 die Atemtechnik überaus wichtig und wir haben der übertriebenen Angst den Kampf angesagt. Trainiere ab heute dein Denken und unterstütze es durch immer mutigere Taten.

Wenn nicht jetzt, wann dann?

Schreibe noch heute deinen Trainingsplan, wie auf den vorigen Seiten beschrieben. Ein Schritt kann gern in den nächsten übergehen, wenn die Angstgefühle doch leichter als erwartet ausfallen.

Bekämpfe negative Gedanken konsequent durch wertschätzende und freundliche Gedanken. Habe Geduld und lass dich nicht durch Rückschläge bremsen. Nur **du** hast die Schlüssel um dein Gefängnis zu verlassen.

Ich wünsche dir viel Kraft auf dem Weg zurück ins Leben, und bin bereits jetzt von deinem Erfolg überzeugt.

Auf geht's!

„Es geht im Leben nicht darum, zu warten bis das Unwetter vorbeizieht. Es geht darum, zu lernen im Regen zu tanzen."